FUNDAMENTOS DA
FILOSOFIA ESOTÉRICA

4ª Edição

FUNDAMENTOS DA FILOSOFIA ESOTÉRICA

Extraídos da Obra de H. P. Blavatsky

**ORGANIZAÇÃO, PREFÁCIO E NOTAS
POR IANTHE H. HOSKINS**

EDITORA TEOSÓFICA

Título do original em Inglês
Foundations of Esoteric Philosophy

Edição 1980,
The Theosophical
Publishing House, Ltd.
68 Great Russell Street, London WC1B3Bu

Primeira Edição em Português, 1991
Segunda Edição, 1993
Terceira Edição, 2011
Quarta Edição, 2021

Direitos Reservados à
EDITORA TEOSÓFICA
SIG - Quadra 6, Nº 1235,
70.610-460 – Brasília-DF - Brasil
Tel.: (61) 3322-7843
E-mail:editorateosofica@editorateosofia.com.br
Sites: www.editorateosofica.com.br

B645	HELENA P. BLAVATSKY
	Fundamentos da Filosofia Esotérica
	Brasília 2021
	ISBN 978-85-85-961-41-4
	CDD 230

Tradução de Célia de Moraes
Revisão: Alberto Brum e Zeneida Cereja da Silva

Prefácio 11

A Lei Una Fundamental 17

Quatro Ideias Básicas 21

Três Proposições Fundamentais 27

Seis Itens Numerados 37

Cinco Fatos Provados 49

Três Novas Proposições 59

A Doutrina Secreta: Conclusão 65

Ísis Sem Véu: Resumo de Dez Pontos 77

Apêndice A: *A Doutrina Secreta* e seu Estudo 85

Apêndice B: Glossário 97

PREFÁCIO À EDIÇÃO BRASILEIRA

É cada vez maior o número de pessoas interessadas naquilo que se convencionou chamar de *oculto*. Multiplicam-se cursos, palestras, revistas e livros sobre uma vasta gama de assuntos relacionados com o oculto ou supostamente esotérico. As chamadas ciências ocultas (astrologia, quiromancia, tarô, etc.) atraem um número considerável de pessoas. Para muitas dessas pessoas tais atividades e estudos são sinônimos de *esoterismo*, uma palavra que certamente significa coisas diferentes para pessoas diferentes. De viagens astrais à regressão, da clarividência à telecinesia, quase tudo é explicado através de supostos argumentos esotéricos.

Visto dessa forma, o esoterismo assume um caráter generalizante, muitas vezes vago, na maioria dos casos confuso. E talvez seja essa a maior contribuição da presente obra que ora se coloca à disposição do leitor interessado. *Fundamentos da Filosofia Esotérica* é uma compilação muito feliz e adequada dos escritos de Helena Petrovna Blavatsky, uma das personalidades mais marcantes do nosso tempo e uma profunda estudiosa do genuíno esoterismo.

A expressão "Filosofia Esotérica" deixa claro que o campo de estudo esotérico está fundamentado em princípios, leis, proposições, e que todo estudante da Tradição-Sabedoria deve dedicar tempo e reflexão à assimilação das ideias fundamentais antes de aventurar-se à prática das quais nada conhece. A oportunidade da presente edição está justamente em esclarecer os princípios e as leis da tradição esotérica, alargando nossa visão e apontando a direção idônea para um estudo sério, livre de ilusões, as quais se constituem num dos perigos sempre presentes para quem se aventura na jornada espiritual.

As fontes das citações aqui coligadas são, basicamente, *Ísis sem Véu*, originalmente publicada em 1877, quando Madame Blavatsky ainda vivia nos Estados Unidos, e *A Doutrina Secreta*, lançada em 1888, em Londres. Ambas são obras de fôlego, um grande manancial de informações sobre tradições antigas, cabala, religiões orientais, mitos cosmogônicos e antropogênicos, simbologia universal, entre outros tantos assuntos fascinantes. A característica oportuna do presente livro é apresentar o âmago do ensinamento, as ideias centrais que dão sentido ao resto do texto, os alicerces sobre os quais se erge o edifício colossal do conhecimento oculto.

Ao contrário de muitos autoproclamados esoteristas, Madame Blavatsky jamais reivindicou para si a autoria das ideias apresentadas em suas obras. Ela sempre deixou claro que a natureza de seu trabalho foi reunir ensinamentos dispersos nas diferentes tradições filosófico-religiosas da humanidade, ensinamentos esses bastante antigos, mas que permanecem muito atuais, pois dizem respeito às questões fundamentais da existência, à origem, ao desenvolvimento e destino do homem e do cosmos que o abriga. Como todo genuíno estudante da Sabedoria Antiga, H. P. Blavatsky pesquisou diferentes escolas de esoterismo oriental e ocidental, extraindo o ensinamento essencial de cada uma delas, tarefa possível apenas a quem possui a chave oculta de interpretação, "o espírito que vivifica".

Como parte integrante do texto, temos também as notas registradas pelo comandante Robert Bowen em 1891, a menos de três semanas da morte de Madame Blavatsky. No final de sua vida, com a saúde bastante debilitada, ela se dedicou a instruir um grupo de estudantes em Londres sobre os aspectos mais profundos da Filosofia Esotérica, em particular no estudo de sua obra maior, *A Doutrina Secreta*. Aqui a encontramos enfatizando, uma vez mais, a importância de se compreender os princípios fundamentais, sem os quais o estudo do Ocultismo se torna incompreensível, sendo que dentre eles se destaca a afirmação da Unidade Essencial de Toda Existência, uma ideia que ganha contornos cada vez mais nítidos na visão de mundo delineada pela ciência contemporânea.

A obra de Madame Blavatsky exerceu uma segura influência em nossa cultura, apesar das incompreensões e calúnias sofridas por ela em sua vida. Entre os pensadores e artistas tocados por seus escritos, encontramos Gandhi, Thomas Edison, W. B. Yeats, Mondrian, Scriabin, Kandinsky, Bernard Shaw, Aldous Huxley e Albert Einstein.

A compiladora do presente trabalho, Ianthe H. Hoskins, é uma estudante de longa data da Tradição-Sabedoria, conferencista com palestras proferidas em vários países, já tendo ocupado o cargo de Diretora da Escola da Sabedoria, em Adyar, Madras, Índia, sendo que exerce atualmente as funções de presidenta da seção inglesa da Sociedade Teosófica. Cada passagem destacada conta com uma breve nota sua, o que auxilia na compreensão do tópico enfocado.

A Editora Teosófica coloca assim à disposição do público interessado um livro muito útil, que servirá de introdução clara e segura ao estudo mais profundo da Sabedoria Antiga, esclarecendo para o estudante a direção idônea de investigação, a qual conduz do irreal ao real, das ilusões à verdade espiritual, da ignorância à sabedoria que ilumina o propósito da existência.

PREFÁCIO

Ao escrever seus livros, Madame Blavatsky tinha como principal objetivo atrair a atenção do mundo ocidental para os ensinamentos da Tradição-Sabedoria, a Ciência Sagrada do Oriente. Ela afirmava repetidamente a antiguidade e universalidade destes ensinamentos, conhecidos desde os primeiros séculos de nossa era como Teosofia. Para si mesma reivindicava apenas o papel de escritora e transmissora.

A maneira como encarava sua tarefa está claramente expressa no Prefácio de sua obra máxima, *A Doutrina Secreta*, publicada em 1888:

> Estas verdades não são de modo algum expostas com o caráter de revelação; nem a autora tem a pretensão de se fazer passar por uma reveladora de tradições místicas agora tornadas públicas pela primeira vez na história. A matéria contida nesta obra pode ser encontrada distribuída pelos milhares de volumes que encerram as escrituras das grandes religiões Asiáticas e das primitivas religiões europeias – oculta sob hieróglifos e símbolos, e até então desapercebida por causa desse véu. O que aqui se cogita é reunir as mais antigas doutrinas e com elas formar um conjunto harmônico e contínuo.

O trabalho de reunir e publicar todos os escritos de Madame Blavatsky está quase terminando, alcançando já 19 ou 20 substanciais volumes. O compilador desta *Cole-*

tânea de Escritos (*Collected Writings*), seu sobrinho-neto Boris de Zirkoff, informa ao leitor que o primeiro artigo escrito por ela foi uma carta publicada no *Daily Graphic* de Nova Iorque, em 30 de outubro de 1874. Em 1877, sua primeira grande obra, *Ísis Sem Véu*, foi publicada em dois grandes volumes. Foi seguida onze anos mais tarde pelos dois volumes de *A Doutrina Secreta*. Seus últimos livros, *A Voz do Silêncio* e *A Chave para a Teosofia* foram publicados em 1889. Se nos lembrarmos de suas frequentes e longas viagens e de sua péssima saúde, com períodos de extrema gravidade, essa enorme produção literária em menos de dezessete anos, e em uma língua diferente do seu idioma natal, chega a parecer miraculosa. É de se notar que apesar de alguns artigos e cartas ainda aguardarem publicação na *Coletânea de Escritos*, os grandes livros têm sido publicados continuamente por mais de cem anos, desde que se passou a primeira edição.

Em meio a um volume tão grande de material, com tópicos que vão desde o simbolismo bíblico até a teoria darwiniana, da investigação da flora e da fauna antediluviana até citações de textos sagrados do Hinduísmos e da Cabala, bem como de filósofos, teólogos e cientistas do Séc. XIX, seria difícil, senão impossível, para o leitor extrair a estrutura essencial do sistema teosófico. Porém, a própria Madame Blavatsky vem em socorro do estudante, dispondo os princípios que baseiam esse sistema em parágrafos numerados em várias partes do texto. A compilação destas afirmações, aqui apresentada, tem a intenção de servir como um "fio de Ariadne" através do vasto labirinto de informações, descrições, explanações, críticas, comentários e instruções pessoais que constituem sua quase inesgotável dádiva à posteridade.

Por onde deve o estudante começar? Um grupo de dedicados membros da Sociedade Teosófica, que estudavam seriamente *A Doutrina Secreta*, se reunia à volta de Madame Blavatsky em Londres, durante seus últimos anos, questionando-a e insistindo por maiores esclarecimentos sobre os ensinamentos. Felizmente para nós, a maior parte destas instruções orais foi anotada e publicada mais tarde nas *Atas da Loja Blavatsky* (*Transactions of the Blavatsky Lodge*),[1] que formam hoje a segunda metade do Volume X da *Coletânea de Escritos*. Além disso, existem algumas notas, poucas, mas valiosas, escritas na época por um membro do grupo, o Comandante Robert Bowen, e tornadas públicas cerca de quarenta anos mais tarde por seu filho, Capitão P. G. Bowen. Publicadas inicialmente em 1932 na revista *Theosophy in Ireland*, desde então estas notas têm saído na forma de um livreto intitulado *Madame Blavatsky sobre Como Estudar Teosofia*, reproduzido aqui no Apêndice A.

Nestas notas aprendemos não só a maneira como, segundo o ponto de vista dela, devemos iniciar o estudo, que atitudes e expectativas tomar, como também em que ordem devemos colocar as afirmações essenciais antes de abarcar a obra completa. Além disso, ela coloca diante do estudante as ideias básicas que ele deve manter em mente durante todo o tempo. A apresentação destas ideias, junto com as seções da obra para as quais ela pede atenção especial, formam a maior parte da presente coleção.

---

[1] *Comentários sobre "A Doutrina Secreta"*. Brasília: Editora Teosófica, 2020. (Nota Ed. Bras.)

Ísis Sem Véu é reconhecidamente uma compilação difusa e desordenada, revelando a extraordinária erudição de uma mulher que não havia tido educação formal e cuja biblioteca ambulante parece não ter consistido de mais do que duas ou três dúzias de volumes. É uma massa de curiosidades, informações e comentários críticos sobre um vasto leque de assuntos e de um conhecimento profundo sobre a tradição oculta em suas muitas formas; mas o material está apresentado em um tom confuso e às vezes agudamente polêmico, o que reafirma sua posição dentro daquela época. No fim do Volume II[2] Madame Blavatsky resume em dez itens numerados os elementos essenciais do ensinamento que ela buscou apresentar ao leitor. Ainda que essa tenha sido sua primeira tentativa de expor ordenadamente os princípios fundamentais da filosofia esotérica enunciados em sua obra, essa relevante passagem é deixada por último em nossa compilação porque, como se verá, ela não tinha naquela época delimitado claramente os princípios gerais e o material secundário. Isto é: a aplicação dos princípios aos casos particulares. Ao falar de seus instrutores ocultos ela os chamava de Mestres, porque foi dele que, como afirma explicitamente a *Chave para a Teosofia*, ela derivou todo o conhecimento que tinha do sistema teosófico. Contudo, ela tinha liberdade total para utilizar o conhecimento recebido da melhor maneira que pudesse, organizando o material e desenvolvendo a habilidade literária à medida em que o colocava por escrito.

---

[2] Na edição original em inglês. (Nota Ed. Bras.)

Na preparação das passagens para essa compilação foram consultadas as três edições de *A Doutrina Secreta* em uso atualmente na língua inglesa, por ordem de edição: Primeira Edição de 1888; Terceira Edição de 1893; e Edição de Adyar em seis volumes. Como nosso objetivo aqui é apresentar os ensinamentos básicos da forma mais fácil possível, fizemos alguma modificação quanto ao uso da pontuação, letras maiúsculas e itálicos, onde julgamos adequado, para facilitar a compreensão do texto. Cada extrato é precedido por uma nota introdutória e no Apêndice B colocamos um Glossário.

A listagem das ideias que devem ser reconhecidas como fundamentais para o sistema teosófico é até certo ponto arbitrária. Assim vemos que Madame Blavatsky apresenta ao estudante de Teosofia *três* proposições fundamentais; *quatro* ideias básicas; um resumo de *seis* pontos numerados; *cinco* fatos provados e os *dez* itens essenciais de *Ísis Sem Véu*. Ainda assim, acima e além de todas as listas e numerações de princípios, deve haver sempre a afirmação do UNO – a Realidade sem nome da qual e na qual todas as coisas têm seu ser. Como não pode haver qualquer compreensão de Teosofia sem uma constante referência a esta Unidade fundamental, a afirmação clara da Unidade foi colocada em primeiro lugar na seleção dos textos.

I.H.H.

A LEI UNA FUNDAMENTAL

NOTA

A filosofia esotérica enfatiza que existe uma Realidade única por trás do multiaspectado mundo de nossas experiências, a fonte e a causa de tudo que foi, é e será. O grande exponente da tradição védica, *Sri* Śankarāchārya, afirma com bastante simplicidade: não importa a forma dada à argila moldada, a realidade do objeto permanece sempre sendo a argila, seu nome e sua forma sendo apenas aparências transitórias. Assim também todas as coisas, tendo se originado do Uno Supremo, são por isso o Supremo em sua natureza essencial. Desde o mais elevado até o mais inferior, do mais vasto ao mais diminuto, os infinitos fenômenos do universo são o Uno, revestido pelo nome e pela forma.

O ensinamento da Unidade fundamental é o ponto principal do sistema teosófico. Conclui-se, assim, que nenhuma doutrina baseada numa dualidade última, do espírito e da matéria separados eternamente, de Deus e do homem como essencialmente distintos, do bem e do mal como realidades eternas, pode ter lugar na Teosofia.

A LEI UNA FUNDAMENTAL

A unidade radical da essência última de cada parte constitutiva dos elementos compostos da Natureza, desde a estrela ao átomo mineral, desde o mais elevado *Dhyān Chohan* ao mais humilde dos infusórios, na completa acepção da palavra, quer se aplique ao mundo espiritual, intelectual ou físico – esta é a lei una fundamental na Ciência Oculta.

The Secret Doctrine, vol. I 120, vol. I 145, vol. I 179.
Na edição da Ed. Pensamento, vol. I 169.

QUATRO IDEIAS BÁSICAS

NOTA

Durante as instruções orais dadas a seus estudantes em Londres e registradas nas notas do Comandante Bowen (ver Apêndice A), Madame Blavatsky repetiu muitas vezes que o estudo de *A Doutrina Secreta* não poderia levar a um quadro completo e final do universo. Destina-se, afirmou, a CONDUZIR À VERDADE. Ela então delineou quatro ideias básicas que o estudante não deveria nunca perder de vista, como auxílio à compreensão progressiva. Como foram dadas espontaneamente, estas ideias estão apresentadas em uma linguagem mais simples do que nas grandes obras, e podem, portanto, servir de preparação para a fraseologia mais complexa das afirmações completas.

QUATRO IDEIAS BÁSICAS

Observe as seguintes regras:
Não importa o que se estude na DS, a mente deve manter com firmeza as seguintes ideias como base de sua ideação:

(a) A UNIDADE FUNDAMENTAL DE TODA A EXISTÊNCIA. Essa unidade é algo completamente diferente da noção comum de unidade – como quando dizemos que uma nação ou um exército está unido, ou que este planeta está unido a outro por linhas de força magnética, ou algo semelhante. O ensinamento não é esse, e sim o de que a existência é UMA COISA, não uma coleção de coisas colocadas juntas. Fundamentalmente existe UM Ser, que possui dois aspectos: positivo e negativo. O positivo é o Espírito, ou CONSCIÊNCIA; o negativo é a SUBSTÂNCIA, o sujeito da consciência. Esse Ser é o Absoluto em sua manifestação primária. Sendo absoluto, nada existe fora dele. É o SER TOTAL. É indivisível, pois de outro modo não seria absoluto. Se fosse possível separar-lhe uma parte, o restante não poderia ser absoluto, pois surgiria imediatamente a questão da COMPARAÇÃO entre ele e a parte separada, e a Comparação é incompatível com a ideia de absoluto. Consequentemente, é evidente que essa EXISTÊNCIA ÚNICA, ou Ser Absoluto deve ser a Realidade existente em cada forma que existe.

O Átomo, o Homem, o Deus são, separadamente ou em conjunto, o Ser Absoluto em última análise; e isto é a sua INDIVIDUALIDADE REAL. Este é o conceito que se deve manter sempre no fundo da mente para servir de base para toda concepção que surgir do estudo da *DS*. No momento em que esquecemos disso (o que é fácil acontecer quando estamos envolvidos com um dos muitos aspectos intrincados da Filosofia Esotérica) sobrevém a ideia da SEPARAÇÃO e o estudo perde seu valor.

(b) A segunda ideia a manter com firmeza é a de que NÃO EXISTE MATÉRIA MORTA. O mais ínfimo átomo está vivo. E não poderia ser de outra forma, pois cada átomo é fundamentalmente por si mesmo o Ser Absoluto. Por isso não existe coisa tal como "espaços" de Éter ou *Ākāsha*, ou chame como quiser, no qual os anjos e os elementais se divertem como trutas na água. Isso é o que se pensa usualmente. O verdadeiro conceito é o de que cada átomo de substância, não importa de que plano, é ele mesmo uma VIDA.

(c) A terceira ideia a manter é a de que o Homem é o MICROCOSMO. Assim sendo, todas as Hierarquias dos Céus existem nele. Mas em verdade não existe nem Macrocosmo nem Microcosmo, mas UMA EXISTÊNCIA. O grande e o pequeno só existem como tais

quando vistos por uma consciência limitada.
(d) A quarta e última ideia é aquela expressa no Grande Axioma Hermético que, na verdade, resume e sintetiza todas as outras:

Como o Interno assim é o Externo; como o Grande, assim é o Pequeno; como é acima, assim é abaixo; só existe UMA VIDA E UMA LEI e o que atua é o ÚNICO. Nada é Interno, nada é Externo; nada é GRANDE, nada é Pequeno; nada é Alto, nada é Baixo na Economia Divina.

Deve-se buscar relacionar com essas ideias básicas qualquer coisa que se estude na *DS*.

A Doutrina Secreta e Seu Estudo (Ver Apêndice A)

TRÊS PROPOSIÇÕES FUNDAMENTAIS

NOTA

Nas notas de Bowen. Madame Blavatsky adverte o estudante de que "a primeira coisa a fazer, mesmo que leve anos, é alcançar alguma compreensão dos 'Três Princípios Fundamentais' dados no Proêmio" – o magistral prelúdio de *A Doutrina Secreta*. Os três princípios são apresentados com igual ênfase sobre sua importância primordial, e no final Madame Blavatsky afirma novamente que estas são as ideias fundamentais da tradição teosófica.

A Doutrina Secreta é em grande parte um comentário sobre algumas estâncias selecionadas de uma antiga obra, o *Livro de Dzyan*. Segundo o uso moderno, o título do livro de Madame Blavatsky é sempre colocado em itálico, enquanto que as referências à antiquíssima filosofia esotérica são deixadas, como na edição original. Doutrina Secreta, com iniciais maiúsculas.

TRÊS PROPOSIÇÕES FUNDAMENTAIS

Antes que o leitor passe a considerar as Estâncias do *Livro de Dzyan*, que constituem a estrutura da presente obra, é absolutamente necessário que conheça os poucos conceitos fundamentais que formam a base e interpenetram todo o sistema de pensamento, ao qual sua atenção está sendo convidada. Estas ideias básicas são poucas em número, mas de sua clara percepção depende a compreensão de tudo o que se segue. Portanto, não é necessário escrúpulos para pedir ao leitor que se familiarize com elas desde o início, antes de começar a leitura da obra.

A Doutrina Secreta estabelece três proposições fundamentais:

I. Um PRINCÍPIO Onipresente, Eterno, Sem limites e Imutável, sobre o qual toda especulação é impossível, porque transcende o poder da concepção humana, e porque somente o diminuiria qualquer expressão ou comparação humana. Está fora dos limites e do alcance do pensamento, e segundo as palavras do *Mandukya*, é "impensável e impronunciável".

Para que os leitores percebam mais claramente estas ideias, devem começar com o postulado de que há Uma Realidade Absoluta anterior a todo Ser manifestado e condicionado. Esta Causa Infinita e Eterna, obscuramente formulada no "Inconsciente" e no "Incognoscível" da filosofia européia corrente, é a Raiz sem Raiz de "tudo quanto foi, é ou será". Acha-se, naturalmente, desprovida de toda classe de atributos e permanece essencialmente sem qualquer relação com o Ser manifestado e finito. É "Seidade",[3] mais propriamente do que Ser (*Sat* em sânscrito), e está fora do alcance de todo pensamento ou especulação.

Esta Seidade é simbolizada na Doutrina Secreta sob dois aspectos. Por um lado, o Espaço Abstrato Absoluto, que representa a pura subjetividade, aquilo que nenhuma mente humana pode excluir de qualquer conceito e nem conceber como existente por si só. Por outro lado, o Movimento Abstrato Absoluto, que representa a Consciência Incondicionada. Mesmo os nossos pensadores ocidentais já demonstraram que a consciência é inconcebível para nós sem a mudança, e aquilo que melhor simboliza a mudança é o movimento, sua característica essencial. Este último aspecto da Realidade Una é simbolizado também pelo termo "O Grande Alento", símbolo sugestivo o bastante para necessitar de mais elucidação. Assim, o primeiro axioma fundamental da Doutrina Secreta é este metafísico UM ABSOLUTO – SEIDADE – que a inteligência finita simboliza como a Trindade teológica.

....

Parabrahman, a Realidade Una, o Absoluto, é o campo da Consciência Absoluta; ou seja, aquela Essência

---

[3] *Be-ness* no original. (N T).

que está fora de toda relação com a existência condicionada, e da qual a existência consciente é um símbolo limitado. Mas quando, em pensamento, vamos além desta (para nós) Absoluta Negação, surge o dualismo, no contraste de Espírito (ou Consciência) e Matéria, Sujeito e Objeto.

O Espírito (ou Consciência) e a Matéria, no entanto, não devem ser considerados como realidades independentes, mas sim como as duas facetas ou aspectos do Absoluto, *Parabrahman*, que constituem a base do Ser condicionado, seja subjetivo ou objetivo.

Considerando esta tríade metafísica como a Raiz da qual procede toda manifestação, o Grande Alento assume o caráter de Ideação Pré-cósmica. Ele é o *fons et origo* (fonte e origem) da Força e de toda consciência individual, e provê a inteligência diretora no vasto esquema da evolução cósmica. Por outro lado, a Substância-Raiz Pré-cósmica (*Mūlaprakriti*) é o aspecto do Absoluto que serve de fundamento a todos os planos objetivos da Natureza.

Assim como a Ideação Pré-cósmica é a raiz de toda consciência individual, também a Substância Pré-cósmica é o substrato da matéria em seus vários graus de diferenciação.

Portanto, se verá com clareza que o contraste entre estes dois aspectos do Absoluto é essencial para a existência do Universo Manifestado. Separada da Substância Cósmica, a Ideação Cósmica não poderia manifestar-se como consciência individual, já que é somente por meio de um veículo (*upādhi* em sânscrito) de matéria que a consciência surge como "Eu sou Eu", sendo necessária uma base física para focalizar um raio da Mente Universal a um certo grau de complexidade. Por sua vez, separada da Ideação Cósmica, a Substância Cósmica permaneceria como abstração vazia, e nenhuma manifestação de Consciência poderia seguir-se.

O Universo Manifestado é, portanto, permeado pela dualidade, a qual vem a ser, por assim dizer, a própria essência de sua EX-istência como manifestação. Mas assim como os polos opostos de Sujeito e Objeto, de Espírito e Matéria, são apenas aspectos da Unidade Una, na qual estão sintetizados, assim também no universo manifestado existe "aquilo" que une o Espírito à Matéria, o Sujeito ao Objeto.

Este algo, desconhecido atualmente pela especulação Ocidental, é chamado *Fohat* pelos ocultistas. É a "ponte" através da qual as Ideias que existem no Pensamento Divino imprimem-se sobre a Substância Cósmica, como "leis da Natureza". *Fohat* é assim a energia dinâmica da Ideação Cósmica; ou então, considerado sob seu outro aspecto, é o meio inteligente, o poder direcionador de toda manifestação, o "Pensamento Divino" transmitido e feito manifesto por meio dos *Dhyān Chohans*, os Arquitetos do mundo visível. Assim, do Espírito ou Ideação Cósmica se origina nossa Consciência; da Substância Cósmica os vários veículos em que esta Consciência se individualiza e atinge a autoconsciência ou consciência reflexiva; enquanto *Fohat*, em suas várias manifestações, é o elo misterioso entre Mente e Matéria, o princípio vivificador que eletriza cada átomo para dar-lhe vida.

O seguinte resumo oferecerá ao leitor uma ideia mais clara:

1. O ABSOLUTO: o *Parabrahman* dos vedantinos ou a Realidade Una, *SAT*, que é ... ao mesmo tempo Absoluto Ser e Não Ser.

2. A primeira manifestação, o *Logos* impessoal e, em filosofia, não manifestado, o precursor do "manifestado"...

3. Espírito-Matéria, VIDA; o "Espírito do Universo", *Purusha* e *Prakriti*, ou o segundo *Logos*.

4. Ideação Cósmica, *MAHAT* ou Inteligência, a Alma Universal do Mundo; o *Noumeno* Cósmico da Matéria, a base das operações inteligentes na e da Natureza...

A REALIDADE UNA; seus aspectos duais no Universo condicionado.

Além disso, a Doutrina Secreta afirma:

II. A Eternidade do Universo *in toto*, como plano sem limites, periodicamente "cenário de Universos Inumeráveis, manifestando-se e desaparecendo incessantemente", chamados "estrelas que se manifestam", e "centelhas da Eternidade". "A Eternidade do Peregrino" é como um abrir e fechar de Olhos da AutoExistência (*Livro de Dzyan*). "O aparecimento e desaparecimento de Mundos é como o fluxo regular das marés".

Esta segunda afirmação da Doutrina Secreta é a universalidade absoluta daquela lei de periodicidade, de fluxo e refluxo, de decadência e crescimento, que a ciência física tem observado e registrado em todas as esferas da Natureza. Uma alternância tal como dia e noite, vida e morte, sono e vigília, é um fato tão perfeitamente universal e sem exceção que será fácil compreender de que forma vemos neles uma das Leis absolutamente fundamentais do Universo.

Afirma também a Doutrina Secreta:

III. A identidade fundamental de todas as Almas com a Alma Suprema Universal, sendo esta última um aspecto da Raiz Desconhecida; e a peregrinação obrigatória de todas as Almas, centelhas daquela, através do Ciclo de Encarnação (ou de "Necessidade") de acordo com a lei cíclica e *kármica* durante todo o período. Em outras palavras, nenhum *Buddhi* puramente espiritual (Alma divina) pode ter uma existência (consciente) independente, antes que a centelha emanada da Essência pura do Sexto Princípio Universal, ou seja, da ALMA SUPREMA, tenha (a) passado por todas as formas elementares pertencentes ao mundo fenomenal daquele *Manvantara*, e (b) adquirido a individualidade, primeiramente por impulso natural, e depois pelos esforços planejados e induzidos por si mesmo e regulados por seu *Karma*, ascendendo assim por todos os graus de inteligência, desde o *Manas* inferior até o superior; do mineral e planta ao Arcanjo (*Dhyani-Buddha*) mais sublime. A Doutrina central da Filosofia Esotérica não admite para o homem nenhum privilégio ou dom especiais, salvo aqueles adquiridos por seu próprio Ego, por esforço e mérito pessoais, através de uma longa série de metempsicoses e reencarnações. Por isso dizemos hindus que o Universo é *Brahman* e *Brahmā*; porque *Brahman* está em todos os átomos do Universo, sendo os seis princípios da Natureza a expressão – os aspectos diversamente diferenciados – do SÉTIMO e UNO, a única Realidade no Universo, seja cósmico ou microcósmico; e também porque as ermutações psíquicas, espirituais e físicas do Sexto (*Brahmā*, o veículo de *Brahman*), no plano da manifestação e da forma, são considerados, por antífrase metafísica, como ilusórias e "*mayávicas*". Porque embora a raiz de todos os átomos individualmente, e de todas as formas coletivamente, seja este Sétimo Princípio ou a Realidade Única, em sua aparência manifestada, fenomenal e temporal, tudo isso é tão-somente uma ilusão passageira de nossos sentidos.

....

Tais são os conceitos fundamentais em que se apoia a *Doutrina Secreta*.

The Secret Doctrine, vol. I, 13-20, vol. I, 42048, vol. I, 79-85.
Na edição da Ed. Pensamento: vol. I, 81.87).

SEIS ITENS NUMERADOS

NOTA

O estudo das Três Proposições Fundamentais, adverte Madame Blavatsky, deve ser seguido pelo dos itens numerados no Resumo, no final do Vol. I (parte I). Parece que sua intenção era reunir os aspectos essenciais da Doutrina Secreta apresentados até ali em alguns parágrafos ordenados. Ela começa, porém, no primeiro parágrafo numerado, com a referência à seção Introdutória da obra, onde reúne uma enorme série de evidências que estabelecem, sem qualquer dúvida, a existência de uma tradição esotérica. Além disso, no sexto parágrafo numerado, ela se recusa a se limitar a uma mera recapitulação e acrescenta uma considerável quantidade de informações sobre aquelas Hierarquias de Seres por cujo intermédio "O Universo é construído e guiado". Ainda assim, ela retorna mais de uma vez à lei fundamental de todo o sistema, a Unidade essencial da existência.

SEIS ITENS NUMERADOS

A autora destas afirmações tem que se preparar de antemão para encontrar grande oposição, e mesmo a negação do que afirma nesta obra. Não que exista qualquer pretensão de infalibilidade ou de exatidão perfeita em todos os detalhes do que se diz aqui. Existem os fatos, e eles não podem ser negados. Mas, devido às dificuldades intrínsecas dos assuntos tratados, e às limitações quase insuperáveis da língua inglesa, como de todos os demais idiomas europeus, para a expressão de certas ideias, é mais do que provável que a autora não tenha conseguido apresentar as explicações em sua melhor e mais clara forma; no entanto, tudo quanto podia ser feito, sob as mais adversas circunstâncias, o foi, e isso é o máximo que se pode exigir de qualquer escritor.

Recapitulemos, e a partir da vastidão dos assuntos expostos se demonstrará quão difícil, senão impossível, é fazer-se plena justiça a eles.

1. A Doutrina Secreta é a Sabedoria acumulada das Idades, e a sua cosmogonia por si só é o mais estupendo e elaborado de todos os sistemas; mesmo velado, como se encontra no exoterismo dos *Purānas*. Mas tal é o poder misterioso do simbolismo oculto que os fatos que ocuparam gerações inumeráveis de videntes e profetas iniciados, para serem ordenados, registrados e explica-

dos através das desconcertantes séries do progresso evolutivo, se encontram todos registrados em umas poucas páginas de signos geométricos e hieróglifos. O olhar iluminado daqueles videntes penetrou o próprio cerne da matéria e registrou a alma das coisas, ali onde um simples profano, por sábio que fosse, somente perceberia o trabalho externo da forma. Mas a ciência moderna não crê na "alma das coisas", e, portanto rejeitará todo o sistema da antiga cosmogonia. É inútil dizer que o sistema em questão não é fantasia de um ou de vários indivíduos isolados; que é um arquivo ininterrupto, cobrindo milhares de gerações de videntes cujas respectivas experiências eram levadas a efeito para comprovar e verificar as tradições, transmitidas oralmente de uma raça antiga a outra, sobre os ensinamentos dos Seres superiores e exaltados que velaram sobre a infância da humanidade; que durante longas eras, os "Homens Sábios" da Quinta Raça, pertencentes ao grupo salvo e resgatado do último cataclisma e das transformações dos continentes, passaram suas vidas *aprendendo*, e *não ensinando*. Como o faziam? É respondido: comprovando, testando e verificando em cada esfera da Natureza as antigas tradições, por meio das visões independentes de grandes Adeptos; ou seja, dos homens que aperfeiçoaram ao mais alto grau possível seus organismos físicos, mentais, psíquicos e espirituais. Não era aceita a visão de qualquer Adepto, até ser confrontada e confirmada pelas visões de outros Adeptos – obtidas de modo que se mostrassem como evidência independente – e após séculos de experiência.

2. A Lei fundamental desse sistema, o ponto central do qual tudo emergiu; ao redor de e para o qual tudo gravita, e do qual depende toda sua filosofia, é a SUBSTÂNCIA-PRINCÍPIO, Divina, Una e Homogênea, a Causa Radical Única.

> ... Uns poucos, cujas lâmpadas resplandeciam mais, foram guiados de causa em causa à nascente secreta da Natureza,, e descobriram que deve existir um Princípio primeiro.

É chamada Substância-Princípio porque se converte em "substância" no plano do Universo manifestado: uma ilusão, enquanto continua sendo um "princípio" no ESPAÇO abstrato, visível e invisível, sem começo nem fim. É a Realidade onipresente e impessoal, porque contém tudo e cada uma das coisas. Sua *impessoalidade* é o *conceito fundamental* do sistema. Está latente em todos os átomos do universo, e é o próprio universo.

3. O Universo é a manifestação periódica desta Essência Absoluta desconhecida. Chamá-la "essência" é, no entanto, pecar contra o próprio espírito da filosofia. Porque embora o nome possa ser derivado, neste caso, do verbo *esse*, "ser", AQUILO não pode identificar-se com um *ser* de nenhuma espécie concebível pelo intelecto humano. AQUILO é melhor descrito não como sendo Espírito ou Matéria, mas ambas as coisas a uma só vez. *Parabrahman* e *Mūlaprakriti* são Um em realidade, se bem que sejam dois no conceito universal do manifestado, inclusive no conceito do *Logos* Uno, sua primeira

manifestação, na qual ... AQUILO surge do ponto de vista objetivo como *Mūlaprakriti*, e não como *Parabrahman*; como seu véu, e não como a Realidade Una oculta por trás, a qual é incondicionada e absoluta.

4. O Universo, com cada uma das coisas que contém, é chamado *MĀYĀ*, porque tudo nele é temporário; desde a vida efêmera de um pirilampo até a do sol. Comparado com a eterna imutabilidade do UNO, e com a invariabilidade daquele Princípio, o Universo, com suas formas efêmeras em perpétua transformação, deve ser necessariamente, para a mente de um filósofo, não mais do que um fogo-fátuo. No entanto, o Universo é suficientemente real para os seres conscientes que nele vivem, os quais são tão ilusórios quanto ele mesmo.

5. Cada uma das coisas no Universo, em todos os seus reinos, é CONSCIENTE; ou seja, é dotada de uma consciência de um tipo próprio e em seu próprio plano de percepção. Nós humanos devemos nos lembrar que, somente porque *nós mesmos* não percebemos qualquer sinal de consciência nas pedras, por exemplo, nem por isso temos o direito de dizer que *não existe nenhuma consciência nelas*. Não existe coisa tal como matéria "morta", ou "cega", como tampouco existe lei "cega" ou "inconsciente". Tais ideias não encontram lugar entre os conceitos da Filosofia Oculta. Esta jamais se detém ante aparências superficiais, e para ela possuem mais realidade as essências *noumênicas* do que suas contrapartes objetivas; nisso se parece com o sistema dos Nominalistas medievais, para quem as universais eram

as realidades, e as particulares existiam somente nominalmente e na imaginação humana.

6. O Universo é elaborado e *dirigido de dentro para fora*. Tal como é em cima, é embaixo; assim nos Céus como na Terra; e o homem, microcosmo e cópia em miniatura do macrocosmo, é o testemunho vivo desta Lei Universal e de seu modo de funcionamento. Vemos que cada movimento, ação ou gesto *externo* – seja voluntário ou mecânico, orgânico ou mental – é produzido e precedido por um sentimento ou emoção, pela vontade ou volição, e pelo pensamento ou mente internos. Pois nenhum movimento ou mudança exterior, quando é normal, pode ter lugar no corpo externo do homem se não for provocado por um impulso interno, comunicado por uma das três funções citadas, e o mesmo ocorre com o Universo externo ou manifestado. Todo o *Kosmos* é dirigido, controlado e animado por séries quase intermináveis de Hierarquias de Seres sencientes, tendo cada um deles uma missão a cumprir, os quais – chame-os por um nome ou outro, *Dhyān Chohans* ou Anjos – são "mensageiros" no sentido único de serem agentes das Leis *Kármicas* e *Cósmicas*. Variam infinitamente em seus respectivos graus de consciência e inteligência; e chamá-los todos de Espíritos puros, sem qualquer influência terrena, "que o tempo, de costume, transforma em presa" é somente uma licença poética. Pois cada um destes Seres, ou *foi*, ou se prepara para converter-se em um homem, se não no presente ciclo (*Manvantara*), em um dos passados ou futuros.

São homens *aperfeiçoados*, quando não *incipientes*; e em suas esferas superiores, menos materiais, diferem moralmente dos seres humanos terrestres apenas por se acharem livres do sentimento de personalidade e de natureza emocional *humana* – duas características puramente terrenas. Os primeiros, os *aperfeiçoados*, libertaram-se destes sentimentos porque, (a) já não possuem corpos carnais – uma carga sempre entorpecedora para a Alma, e (b) com o elemento espiritual puro mais livre e não encontrando obstáculos, eles são menos influenciados por *māyā* do que o homem, a menos que este seja um Adepto que conserve suas duas personalidades (a espiritual e a física) separadas por completo. As Mônadas incipientes, não havendo ainda possuído corpos humanos, não podem ter nenhum sentimento de personalidade ou de EGO-ísmo. Sendo o que se pretende significar por "personalidade" uma limitação e uma relação, ou como a definiu Coleridge, "a individualidade existente em si mesma, mas com uma natureza como base", a palavra não pode aplicar-se, naturalmente, a entidades não humanas; mas como um fato sobre o qual insistem gerações de Videntes, nenhum destes Seres, elevados ou pequenos, possui individualidade ou personalidade como Entidades separadas, no sentido, por exemplo, em que o homem diz "Eu sou eu e ninguém mais"; em outras palavras, não têm consciência de tão manifesta separação quanto a que existe na Terra entre os homens e entre as coisas. A Individualidade é característica de suas respectivas Hierarquias, e não de suas unidades; e estas características variam somente com o grau do plano a que tais Hierarquias pertencem: quanto mais próximo está da região da homogeneidade e do Um Divino, tanto mais pura e menos acentuada será a individualidade daquela Hierarquia. São finitas sob todos os seus aspectos – com exceção de seus princípios mais elevados – as Centelhas imortais que refletem a Chama Divina Universal, individualizadas e separadas somente nas esferas de Ilusão por uma diferenciação tão ilusória quanto o resto. Eles são "Seres Viventes", posto que são as correntes projetadas da VIDA ABSOLUTA sobre a tela Cósmica da Ilusão; Seres nos quais a vida não se pode extinguir antes que o fogo da ignorância seja extinto naqueles que sentem estas "Vidas". Tendo vindo à existência sob o poder vivificante do raio incriado – reflexo do grande Sol Central que irradia sobre as margens do rio da vida – é o Princípio Interno neles que pertence às Águas da imortalidade, ao passo que suas vestes diferenciadas são tão perecíveis quanto o corpo do homem. Portanto, Carl Gustav Jung tinha razao ao dizer que

Anjos são homens de uma espécie superior...

e nada mais. Não são nem "ministros" nem "protetores", tampouco "Arautos do Altíssimo", e menos ainda os "Mensageiros da cólera" de nenhum Deus, tal como os criados pela imaginação humana. Apelar para a sua proteção é uma insensatez tão grande quanto supor que se pode assegurar sua simpatia graças a qualquer tipo de propiciação; porque eles, tanto quanto o homem, são escravos e criaturas da imutável Lei *Kármica* e *Cósmica*. A razão disso é evidente. Não possuindo qualquer elemento de personalidade em sua essência, não podem estar dotados de quaisquer qualidades pessoais, tais como as que os homens, em suas religiões exotéricas, atribuem a seu Deus antropomórfico – um Deus ciumento e exclusivista, que se regozija e encoleriza, que se compraz com sacrifícios e que é mais despótico em sua vaidade do que qualquer homem tolo e finito. O homem... sendo um composto das essências de todas essas hierarquias celestiais pode conseguir, como tal, tornar-se superior, em certo sentido, a qualquer Hierarquia ou Classe, e até a uma combinação das mesmas. "O homem não pode nem propiciar nem comandar os *Devas*" – já se disse. Mas, paralisando sua personalidade inferior e chegando com isso ao pleno conhecimento da *não separatividade* de seu EU Superior em relação ao Uno e Absoluto EU, o homem pode, mesmo durante sua vida terrestre, chegar a ser como "Um de Nós". Assim, é alimentando-se do fruto do saber, que dissipa a ignorância, que o homem se torna como um dos *Elohim*, ou *Dhyānis*; e uma vez no plano *deles*, o Espírito de Solidariedade e de Harmonia perfeita que reina em cada Hierarquia necessariamente se estende sobre ele e o protege em todos os sentidos.

A dificuldade principal que impede os homens de ciência de crer nos espíritos divinos, assim como nos da Natureza, é seu materialismo. O principal obstáculo que ante si, por sua vez, encontra o Espírita, e que o impede de crer neles, conservando por sua vez uma crença cega nos "Espíritos" dos mortos, é o desconhecimento em que se acham todos, à exceção de alguns ocultistas e cabalistas, sobre a verdadeira essência e natureza da Matéria. É na aceitação ou rejeição da teoria da *Unidade de tudo na Natureza, em sua última Essência*, que principalmente se apoia a crença ou incredulidade na existência de outros seres conscientes em torno de nós, além dos Espíritos dos mortos. É na reta compreensão da Evolução primeva e da essência real do Espírito-Matéria, que deve o estudante apoiar-se para uma melhor elucidação da Cosmogonia Oculta, e para obter a única chave segura que pode guiá-lo em seus estudos subsequentes.

Na pura verdade, conforme acabamos de demonstrar, cada um dos chamados "Espíritos" é ou um homem desencarnado ou um homem futuro. Desde o Arcanjo mais elevado (*Dhyān Chohan*) até o último Construtor consciente (a classe inferior de Entidades Espirituais), todos eles são homens que viveram há eras passadas, durante outros *Manvantaras*, nesta ou em outras Esferas; da mesma forma os Elementais inferiores, semi-inteligentes e não inteligentes, são todos homens *futuros*. O simples fato de um Espírito ser dotado de inteligência é uma prova para o ocultista de que aquele Ser tem que ter sido um *homem*, e adquirido seu saber e inteligência através do ciclo humano. Existe apenas uma Onisciência e Inteligência indivisível e absoluta no Universo, e esta vibra em cada um dos átomos e dos pontos infinitesimais de todo o *Kosmos*, o qual não tem limites e ao qual se dá o nome de ESPAÇO, considerado independentemente de qualquer uma das coisas nele contidas. Mas a primeira diferenciação de seu *reflexo* no mundo manifestado é puramente espiritual e os seres gerados nela não são dotados de uma consciência que tenha relação com a que concebemos. Não podem possuir consciência ou inteligência humana, antes de tê-la adquirido pessoal e individualmente. Isto pode ser um mistério; no entanto, é um fato para a Filosofia Esotérica e muito aparente, também.

Toda a ordem da Natureza evidencia uma marcha progressiva em direção a *uma vida superior*. Existe um propósito na ação das aparentemente mais cegas forças. O processo inteiro de evolução com suas intermináveis adaptações é uma prova disso. As leis imutáveis que fazem desaparecer as espécies débeis para dar lugar às fortes, e que asseguram à "sobrevivência dos mais aptos", embora tão cruéis em sua ação imediata, atuam todas em direção à grande meta final. O próprio fato de que adaptações *ocorrem*, de que os mais aptos *são* os que sobrevivem na luta pela existência, demonstra que aquilo que é chamado "Natureza inconsciente" é, em realidade, um conjunto de forças, manipuladas por seres semi-inteligentes (Elementais), guiados por Espíritos Planetários elevados (*Dhyān Chohans*), cujo conjunto forma o *verbum* manifestado do *LOGOS* imanifestado, e constitui ao mesmo tempo a MENTE do Universo e sua LEI imutável.

The Secret Doctrine,, vol. I, 272-78, vol. I, 293-98, vol. I, 316-20.
Na edição da Ed. Pensamento: vol. I, 304-308.

CINCO FATOS PROVADOS

NOTA

Uma vez mais Madame Blavatsky procura enfatizar certos aspectos importantes do ensinamento, sublinhando o que já tinha sido explicado e reafirmando os fundamentos com mais comentários e citações. Assim, aos seis parágrafos numerados do Resumo são acrescentados mais cinco itens, apresentados como "fatos provados".

As palavras entre parênteses estão desta forma no texto original, sendo esclarecimentos da autora sobre as passagens citadas.

CINCO FATOS PROVADOS

Qualquer que seja o destino que o futuro distante reserve a estes escritos, esperamos haver provado até agora os seguintes fatos:

1. A Doutrina Secreta não ensina nenhum Ateísmo, exceto no sentido que encerra a palavra sânscrita *nāstika*: uma rejeição de *ídolos*, incluindo todos os deuses antropomórficos. Neste sentido, cada ocultista é um *nāstika*.

2. Admite um *Logos*, ou um "Criador" coletivo do Universo; um *Demiurgos* no sentido que se usa ao se falar de um arquiteto como "criador" de um edifício, visto que o arquiteto não tinha jamais tocado sequer uma pedra dele, mas, havendo proporcionado o plano, deixou todo o trabalho manual aos pedreiros[4]. No nosso caso, o plano foi proporcionado pela Ideação do universo, e o trabalho de construção ficou a cargo das Hostes de Forças e Poderes inteligentes. Mas aquele *Demiurgos* não é uma divindade *pessoal*, ou seja, um deus *extracósmico* imperfeito, mas apenas a coletividade dos *Dhyān Chohans* e das outras Forças.

---

[4] *Mason*, no inglês. A autora aqui usou esta palavra em duplo sentido, referindo-se também à sua outra conotação, relativa à Maçonaria, onde *mason* se traduz por maçon. (N.T.)

3. Os *Dhyān Chohans* são duais em suas constituições, estando compostos de (a) a *energia bruta* irracional inerente à matéria, e (b) a Alma inteligente, ou Consciência cósmica, que direciona e guia aquela energia, e que é o Pensamento *Dhyān Chohânico, refletindo a Ideação da Mente Universal*. Isso resulta numa série perpétua de manifestações físicas e de *efeitos morais* na Terra, durante os períodos dos *Manvantaras*, sendo tudo isso subserviente ao *Karma*. Como este processo não é sempre perfeito, e posto que, por muitas que sejam as provas da existência de uma inteligência diretora por trás do véu, nem por isso deixa de haver falhas e lacunas, e mesmo resulta muitas vezes em fracassos evidentes; assim nem à Hoste coletiva (o *Demiurgos*) nem a qualquer um dos Poderes atuantes, individualmente considerados, cabe o culto ou honras divinos. Todos têm direito, no entanto, à reverência agradecida da Humanidade; e o homem deve esforçar-se sempre por favorecer a divina evolução das Ideias, convertendo-se, no melhor de suas capacidades, em *cooperador da Natureza*, na tarefa cíclica. Somente o sempre ignorado e incognoscível *Kārana*, a Causa sem Causa de todas as causas, é quem deve ter seu santuário e seu altar no recinto santo e jamais violado de nosso coração; invisível, intocado e nunca mencionado, salvo através da "voz tranquila e silenciosa" de nossa consciência espiritual. Aqueles que lhe rendem culto devem fazê-lo no silêncio e na solidão santificada de suas Almas; fazendo de seu Espírito o único mediador entre si mesmos e o Espírito Universal, de suas boas ações os únicos sacerdotes, e de suas inten-

ções pecaminosas as únicas vítimas visíveis e objetivas a serem sacrificadas à *Presença*.

"E quando orardes, não sejais como os hipócritas... mas entrai em *vossa câmara interior e, tendo fechado a porta, orai a vosso Pai que está em segredo*" (Mateus, VI, 5-6). Nosso Pai se encontra dentro de nós "em segredo", nosso Sétimo Princípio na "câmara interna" da percepção de nossa alma. "O Reino de Deus" e dos Céus se acha *dentro de nós* – disse Jesus – e não *fora*. Por que são os Cristãos tão absolutamente cegos ao patente significado das palavras de sabedoria que se comprazem em repetir mecanicamente?

4. A Matéria é Eterna. É o *upādhi* ou base física, para que nela a Mente Universal e Infinita construa suas ideações. Portanto, sustentam os esoteristas que não existe na Natureza qualquer matéria inorgânica ou "morta", sendo a distinção que entre as duas foi estabelecida pela Ciência tão infundada quanto arbitrária e desprovida de razão. Seja lá o que pense a Ciência, no entanto – e a Ciência exata é mulher volúvel, como todos sabemos por experiência – o Ocultismo sabe e ensina algo diferente, como o tem feito desde tempos imemoriais, desde o *Manu* e Hermes até Paracelso e seus sucessores.

Assim Hermes, o Três Vezes Grande, Trismegisto, disse:

Oh, filho meu! a matéria se *torna*; a princípio ela *era*; porque a matéria é o veículo para a transformação. O vir a ser é o modo de atividade do Deus incriado e previsor. Tendo sido dotada dos germes do vir a ser, a matéria (objetiva) foi conduzida ao nascimento; pois a força criadora a molda de *acordo com as formas ideais*. A Matéria, ainda não gerada, não tem forma; ela vem a ser quando é posta em ação.

The Virgin of The World

Sobre isso, a hábil compiladora e tradutora dos *Fragmentos Herméticos*, Dra. Anna Kingsford, comenta em um nota:

"O Dr. Ménard faz observar como em grego a mesma palavra significa *nascer* e *vir a ser*. A ideia, aqui, é que o material do mundo é, em sua essência, eterno, mas que antes da criação ou do 'vir a ser', se acha em uma condição passiva ou imóvel. Assim é que 'era', antes de ser posta em operação; agora 'vem a ser', ou seja, é móvel e progressiva."

E ela acrescenta a doutrina puramente vedantina da Filosofia Hermética:

"A Criação é portanto o período de atividade (*Manvantara*) de Deus, quem, de acordo com o pensamento Hermético (ou o qual, de acordo com o Vedanta), possuí duas formas – Atividade ou Existência. Deus em evolução (*Deus explicitus*), e Passividade de Existência (*Pralaya*). Deus em involução (*Deus implicitus*). As duas formas são perfeitas e completas, assim como o são os estados de vigília e de sono humanos. Fichte, o filósofo alemão, distinguiu o Ser (*Sein*) como Um, que conhecemos apenas através da existência (*Dasein*) como o Múltiplo. Esta visão é totalmente hermética. As 'Formas Ideais'... são as ideias arquetípicas ou formativas dos neoplatônicos, os conceitos eternos e subjetivos das coisas que subsistem na Mente Divina antes da 'criação' ou 'vir a ser'."

Ou como na filosofia de *Paracelso*:

Todas as coisas são o produto de um esforço universal criativo... Não existe nada *morto* na Natureza. *Tudo* é *orgânico* e *vivente*, e consequentemente o mundo inteiro aparenta ser um organismo vivo.

Franz Hartmann, *Paracelso*.

5. O universo desenvolveu-se a partir de seu plano ideal, sustentado através da Eternidade na inconsciência daquilo que os vedantinos chamam *Parabrahman*. Isto é praticamente idêntico às conclusões da filosofia ocidental superior, estando "as ideias inatas, eternas e autoexistentes" de Platão agora refletidas por Von Hartmann. O "Incognoscível" de Herbert Spencer mantém apenas uma leve semelhança com aquela Realidade transcendental na qual acreditam os ocultistas, muitas vezes parecendo meramente uma personificação de uma "força por trás dos fenômenos" – uma Energia infinita e eterna, da qual todas as coisas procedem – enquanto o autor de *Filosofia do Inconsciente* chegou (apenas a este respeito) tão próximo da solução do grande Mistério quanto um homem mortal é capaz. Poucos foram aqueles que, seja na filosofia antiga ou na medieval, ousaram abordar o assunto ou

mesmo aludir a ele. Paracelso o menciona inferencialmente, e suas ideias estão admiravelmente sintetizadas pelo Dr. F. Hartmann em seu livro *Paracelso*.

Todos os cabalistas cristãos compreenderam bem a ideia-raiz Oriental. O Poder ativo, o "Movimento Perpétuo do Grande Alento" apenas desperta o *Kosmos* na aurora de cada novo Período, colocando-o em atividade através das duas Forças contrárias – a centrípeta e a centrífuga, que são masculina e feminina, positiva e negativa, física e espiritual, sendo as duas a Força *Primordial* una – e desta forma fazendo-a tornar-se objetiva no plano da Ilusão. Em outras palavras, este movimento dual transfere *Kosmos* do plano de Eterno Ideal para o da manifestação finita, ou do plano *noumenal* para o *fenomenal*. Tudo o que *é*, *foi* e *será* eternamente É, mesmo as incontáveis formas, que são finitas e perecíveis apenas na sua forma objetiva, mas não na *ideal*. Elas existiram como ideias, na Eternidade, e quando se desvanecerem, existirão como reflexos. O Ocultismo ensina que nenhuma forma pode ser dada a qualquer coisa, seja pela Natureza ou pelo Homem, se seu tipo ideal já não existir no plano subjetivo; mais do que isso, que nenhuma forma ou molde pode penetrar na consciência humana, ou evoluir em sua imaginação, se já não existir em protótipo, ao menos como uma aproximação. Nem a forma humana, nem a de qualquer animal, planta ou pedra, foi jamais "criada", e é apenas neste nosso plano que ela começou a "tornar-se", ou seja, objetivando-se em sua materialidade presente, ou expandindo de *dentro para fora*, da essência mais sublimada e supressensorial para sua aparência mais grosseira. Portanto, *nossas* formas humanas existiam na Eternidade como protótipos astrais ou etéreos, modelos estes de acordo com os quais os Seres Espirituais, ou Deuses – cujo dever era trazê-los à existência objetiva e à vida terrena – desenvolveram as formas protoplasmáticas dos futuros Egos a partir de sua própria essência. Após o que, quando este *upādhi* humano ou molde básico estava pronto, as forças terrestres naturais começaram a trabalhar sobre estes moldes suprassensórios, *que continham, além dos seus próprios, os elementos de todas as formas vegetais passadas e animais futuras desse globo*. Portanto, a concha *externa* do homem passou pela forma de todos os corpos vegetais e animais antes de assumir a forma humana.

The Secret Doctrine, vol. I, 279-82, vol. I, 300-303, vol. I, 322-25.
Na Edição da Pensamento: vol. I, 310-313.

TRÊS NOVAS PROPOSIÇÕES

NOTA

O primeiro volume de *A Doutrina Secreta* tem como tema o nascimento do Cosmos – "Cosmogênese". O segundo volume (Vol. III da edição de Adyar em 6 vols.) trata do surgimento do Homem – a "Antropogênese". Sua primeira Seção, tal como no volume precedente, se baseia nas estâncias "extraídas dos mesmos Registros Arcaicos que as Estâncias sobre Cosmogonia". Como uma indicação do tema central, as Notas Preliminares que servem de introdução às estâncias e aos comentários são precedidas por uma passagem de *Ísis Sem Véu*. Provocante e desafiador para os líderes do pensamento científico e religioso contemporâneo, o extrato prepara o leitor para as ideias presumivelmente revolucionárias sobre a história do Homem que são oferecidas no registro oculto.

Nas notas de Bowen, Madame Blavatsky atrai a atenção do estudante para estas Notas Preliminares, que começam com a colocação de três novas proposições a respeito da evolução do Homem.

TRÊS NOVAS PROPOSIÇÕES

A Ciência Moderna insiste na doutrina da evolução; da mesma forma o fazem a razão humana e a Doutrina Secreta, e esta ideia é corroborada pelas lendas e mitos antigos, e mesmo pela própria Bíblia, quando lida nas entrelinhas. Vemos uma flor desabrochando lentamente a partir de seu botão, e o botão de sua semente. Mas de onde vem a última, com toda a sua programação predeterminada de transformação física, e suas forças invisíveis, e portanto espirituais, que gradualmente desenvolvem sua forma, cor e perfume? A palavra *evolução* fala por si mesma. O germe da raça humana atual tem de ter preexistido no progenitor desta raça, assim como a semente, na qual jaz escondida a flor do próximo verão, desenvolveu-se na cápsula de sua flor parental; o progenitor difere de sua progênie, ainda que apenas *levemente*. Os ancestrais antediluvianos do elefante e do lagarto atuais eram, talvez, o mamute e o plesiossauro: porque não poderiam os progenitores da raça humana ter sido os "gigantes" dos *Vedas*, do *Voluspa* e do *Livro do Gênese*? Embora seja positivamente absurdo acreditar que a "transformação das espécies" se deu de acordo com algumas das concepções mais materialistas dos evolucionistas, é ao menos natural pensar que cada um dos gêneros, começando com os moluscos e terminando com o homem, modificou-se desde sua própria forma primordial e distintiva.

Isis Univeiled, I, 152-S.

NOTAS PRELIMINARES

As Estâncias deste Volume, juntamente com seus Comentários, foram extraídas dos mesmos Registros Arcaicos que as Estâncias da Cosmogonia, no Volume I...

Com relação à evolução da espécie humana, a Doutrina Secreta postula três novas proposições, que estão em direto antagonismo à ciência moderna e aos dogmas religiosos correntes. Ela ensina: (a) a evolução simultânea de sete grupos humanos em sete diferentes porções do nosso globo; (b) o nascimento do corpo *astral*[5] antes do *físico*, sendo o primeiro um modelo para o segundo; e (c) que o homem, nesta Ronda, precedeu todos os mamíferos – incluindo os antropoides – no reino animal.

> [*Um pé de página a esta proposição indica o vasto número de tradições antigas das quais se pode citar corroborações para os Registros Arcaicos. Ele diz:*]

Veja o Gênese, II, 19. Adão é formado no versículo 7, e no versículo 19 é dito: "O Senhor Deus formou, da terra, todos os animais do campo e todas as aves do ar; e depois os apresentou a Adão para ver como os queria chamar". Portanto, o homem foi criado *antes* dos animais; pois

---

[5] 'Corpo Astral' em *A Doutrina Secreta* e *A Chave para a Teosofia* é o nome dado ao duplo etérico (*linga-sharīra*).

os animais mencionados no Capítulo I são os signos do Zodíaco, enquanto o homem, "macho e fêmea", não *é homem*, mas a Hoste das *Sephiroth*, FORÇAS ou Anjos, "feitos à sua (de Deus) imagem e semelhança". Adão, o homem, não é feito àquela semelhança, nem tal coisa é dita na *Bíblia*. Além disso, o Segundo Adão é esotericamente um setenário que representa sete homens, ou melhor, grupos de homens. Pois o primeiro Adão, o *Kadmon* é a síntese das dez *Sephiroth*. Destes, a Tríade superior permanece no Mundo Arquetípico com a futura "Trindade", enquanto as sete *Sephiroth* inferiores criam o mundo material manifestado; e *este setenário* é o *Segundo Adão*. O *Gênese*, assim como os mistérios com base nos quais foi fabricado, originou-se no Egito. O "Deus" do 1º capítulo do *Gênese* é o *Logos*, e o "Senhor Deus" do 2º capítulo os *Elohim* Criadores, os Poderes *inferiores*.

The Secrete Doctrine, vol. II, xvi, 1, vol. II, xx, vol. III, 14-15.
Na edição da Ed. Pensamento: vol. III, 15-16.

A DOUTRINA SECRETA: CONCLUSÃO

NOTA

A Doutrina Secreta inclui em sua vasta abrangência não só a grandiosa metafísica da tradição esotérica como também a história da evolução de todas as formas de vida sobre o nosso planeta e uma perspectiva do futuro que aguarda a humanidade. Além dos fatos disponíveis à ciência, enquanto se restringe ao uso de seus instrumentos tradicionais, existem outros, preservados-nos anais ocultos e acessíveis àqueles que desenvolverem em si mesmos as faculdades necessárias. Ao proporcionar vislumbres da tradição secreta para uma época em que as forças de um ciência materialista se batiam contra posições entrincheiradas da religião supersticiosa, Madame Blavatsky procurou mostrar as limitações de uma e a cegueira da outra. O quíntuplo objetivo de sua obra foi delineado claramente no Prefácio: "mostrar que a Natureza não é uma concorrência fortuita de átomos', e conferir ao homem seu verdadeiro lugar no esquema do Universo; resgatar da degradação as verdades arcaicas que são a base de todas as religiões; revelar, até certo ponto, a unidade fundamental da qual todas surgiram; e finalmente mostrar que a Ciência da civilização moderna nunca se aproximou do lado oculto da Natureza". A Conclusão mostra alguma coisa do terreno coberto pela autora nas tentativas de alcançar aquele objetivo.

Apesar de Madame Blavatsky se referir na última sentença a outros volumes "quase terminados", não se encontrou nenhum manuscrito que correspondesse à descrição. Alguns papéis deixados por ela foram publicados por Annie Besant como sendo o Volume III (Vol. V da ed. de Adyar), juntamente com certos papéis que originalmente circularam privativamente entre os estudantes de sua Escola Esotérica.

A DOUTRINA SECRETA: CONCLUSÃO

Foi dito o suficiente para demonstrar que a evolução em geral, os eventos, a espécie humana e tudo o mais na Natureza prosseguem em ciclos. Falamos de sete Raças, cinco das quais quase completaram seu curso na Terra, e declaramos que cada Raça-Raiz, com suas sub-raças e inumeráveis divisões e tribos familiares, era inteiramente distinta da precedente e da sucessora. A isso se fará objeção, com base na autoridade da experiência uniforme sobre a questão por parte da Antropologia e da Etnologia. O homem foi sempre o mesmo – salvo na cor e no tipo, e talvez nas peculiaridades faciais e capacidade craniana – sob todos os climas e em todas as partes do mundo, dizem os naturalistas – sempre, mesmo na estatura. Isso, ao mesmo tempo em que sustentam que o homem descende do mesmo ancestral desconhecido do macaco – uma declaração que é logicamente impossível sem uma variação infinita de estatura e forma – desde a sua primeira evolução para a condição de bípede. Mesmo as pessoas lógicas que sustentam ambas as proposições têm direito às suas visões paradoxais. Uma vez mais, dirigimo-nos apenas àqueles que, duvidando da derivação que em geral se faz dos mitos a partir da "contemplação das operações visíveis da natureza exterior"... pensam ser "menos difícil acreditar que estas maravilhosas histórias de deuses e semideuses, de gigantes e duendes, de dragões e monstros de todos os tipos sejam transformações, do que acreditar que sejam invenções". A Doutrina Secreta ensina apenas estas "transformações" na natureza física, tanto quanto na memória e nas concepções de nossa humanidade atual. Ela confronta as hipóteses puramente especulativas da ciência moderna, baseadas na experiência e nas observações exatas de uns meros poucos séculos, com a tradição e os registros contínuos de seus Santuários; e, destruindo o tecido mais semelhante a teias de aranha das teorias formadas sob a escuridão que cobre um período de uns poucos milênios para trás, o qual os europeus chamam sua "História", a Ciência Antiga nos diz: "Ouçam, agora, a minha versão das memórias da Humanidade"!

As Raças humanas têm origem uma na outra, crescem, se desenvolvem, envelhecem e morrem. Suas sub-raças e nações seguem a mesma regra. Se a sua ciência moderna e pretensa filosofia, que tudo negam, não contestam que a família humana é composta de uma variedade de tipos e raças bem definidas, é apenas porque o fato é incontestável; ninguém diria que não há nenhuma diferença externa entre um inglês, um negro africano, e um japonês ou chinês. Por outro lado, a maioria dos naturalistas nega formalmente que *raças humanas mescladas*, isto é, as sementes de raças inteiramente novas, sejam ainda formadas nos nossos dias...

Ainda assim nossa proposição geral não será aceita. Dir-se-á que, sejam quais forem as formas que o homem tenha assumido durante o longo e pré-histórico passado, não há mais mudanças para ele no futuro (exceto certas variações, como agora). Assim sendo, as nossas Raças-Raízes sexta e sétima são ficções.

A isso, uma vez mais se responde: *"Como você sabe"*? A sua experiência se limita a uns poucos milhares de anos, a menos do que um dia na longa vida da humanidade e aos tipos presentes nos continentes e ilhas atuais da nossa Quinta Raça. Como você pode saber o que vai ou não vai existir? Enquanto isso, tal é a profecia dos Livros Secretos e de suas afirmações, que não são incertas.

Desde o princípio da Raça Atlante muitos milhões de anos se passaram, e no entanto ainda encontramos o último dos atlantes ainda misturado com o elemento ário, onze mil anos depois. Isso demonstra a enorme superposição de uma raça sobre a raça que a sucede, embora em características e tipo externo a mais antiga perde suas características e assume as novas, as da raça mais jovem. Isso é comprovado em todas as formações de raças humanas misturadas. Agora, a filosofia oculta ensina que mesmo hoje, sob nossos novos olhos, a nova Raça e Raças estão se preparando para se formar, e que é na América que a transformação ocorrerá – e já começou, silenciosamente.

Anglo-saxões puros há menos de trezentos anos atrás, os americanos dos Estados Unidos já se tornaram uma nação à parte e, devido a uma forte mistura adicional de várias nacionalidades e casamentos inter-racionais, tornaram-se quase que uma raça *sui generis*, não apenas mentalmente, mas também fisicamente. "Toda raça misturada, quando uniforme e estabelecida, tem sido capaz de fazer o papel de uma raça primária em cruzamentos novos", diz de Quatrefages: "A humanidade, no seu estado presente, foi portanto formada, certamente, na sua maioria, pelos cruzamentos sucessivos de um número de raças *indeterminado, neste momento*, (*The Human Species*, [As Espécies Humanas], p. 274)

Assim os americanos se tornaram, em apenas três séculos, uma "raça primária", *pro tem*, antes de se tornarem uma raça à parte, e fortemente separada de todas as outras raças que agora existem. Eles são, em resumo, os germes da *Sexta* sub-raça, e em cerca de algumas centenas de anos, se tornarão mais do que seguramente os pioneiros daquela raça que deverá suceder a europeia presente, ou quinta sub-raça, em todas as suas novas características. Depois disso, em cerca de vinte e cinco mil anos, eles se lançarão em preparativos para a sétima sub-raça; até que, em consequência de cataclismos – a primeira série daqueles que um dia haverão de destruir a Europa, e ainda mais tarde a raça ariana inteira (e desta forma afetar ambas as Américas), assim como a maior parte das terras diretamente relacionadas com os confins do nosso continente e ilhas – a Sexta Raça-Raiz terá aparecido no palco de nossa Ronda. Quando será isso? Quem pode saber, exceto os grandes Mestres de Sabedoria, talvez, e eles são tão silenciosos sobre o assunto quanto os picos cobertos de neve que se elevam acima deles? Tudo o que sabemos é que ela virá silenciosamente à existência... A Quinta Raça se sobreporá à Sexta por muitas centenas de milênios, e se transformará com ela mais lentamente do que sua nova sucessora, ainda se transformando em estatura, físico geral e mentalidade, exatamente como a Quarta se sobrepôs à nossa Raça Ariana e a Terceira havia se sobreposto aos atlantes.

Este processo de preparação para a Sexta grande Raça deve durar por toda a sexta e sétima sub-raças... Mas os *últimos* remanescentes do Quinto Continente não desaparecerão até algum tempo depois do nascimento da *nova Raça*; quando uma outra e nova moradia, o sexto continente, houver aparecido sobre as *novas* águas na face do globo, para receber a nova estrangeira. Para ela também emigrarão e se estabelecerão todos os que forem afortunados o suficiente para escapar ao desastre geral. Quando isto ocorrerá – como se acabou de dizer – não é para esta escritora saber. Apenas que, já que a natureza não evolui em saltos e inícios repentinos mais do que um homem se transforma repentinamente de uma criança em um adulto maduro, o cataclismo final será precedido por muitas submersões e destruições menores, por ondas marítimas e fogos vulcânicos. O ritmo exultante pulsará forte no coração da raça que está agora na zona americana, mas não mais haverá americanos quando a Sexta Raça começar; não mais, de fato, do que europeus; pois eles agora terão se tornado uma *nova raça*, e *muitas nações novas*. No entanto a Quinta não morrerá: sobreviverá por algum tempo; sobrepondo-se à nova Raça por muitas centenas de milhares de anos à frente, se transformará com ela – mais lentamente do que sua nova sucessora – ainda sendo inteiramente alterada em mentalidade, físico geral e estatura. A humanidade não crescerá mais à estatura dos corpos gigantescos dos lemurianos e atlantes; pois enquanto a evolução da Quarta Raça desceu-a para o último nível da materialidade em seu desenvolvimento físico, a Raça presente está em seu arco ascendente; e a Sexta rapidamente se libertará de seus grilhões de matéria, e mesmo da carne.

Assim, desse modo ela é a humanidade do Novo mundo – uma que é de longe superior à nossa Antiga, um fato que os homens também haviam esquecido – a humanidade de *pātāla* (a Antipode, ou o mundo inferior, como a América é chamada na Índia), cuja missão e *karma* é plantar as sementes de uma Raça vindoura, mais grandiosa e muito mais gloriosa do que qualquer uma das Raças de que hoje já ouvimos falar. Os ciclos de matéria serão seguidos por ciclos de espiritualidade e da mente plenamente desenvolvida. Pela lei da história e raças paralelas, a maior parte da humanidade futura será composta de gloriosos Adeptos. A humanidade é o fruto do Destino cíclico, e nenhuma de suas unidades pode escapar à sua missão inconsciente, ou livrar-se da sua obrigação de trabalhar cooperativamente com a Natureza. Assim cumprirá a humanidade, raça após raça, a peregrinação cíclica que lhe foi prescrita. Os climas mudarão – e já começaram – cada ano tropical, um após outro, produzindo uma sub-raça, mas apenas para gerar mais uma raça superior no ciclo ascendente; enquanto uma série de outros grupos menos favorecidos – os fracassos da Natureza – desaparecerão, assim como alguns indivíduos isolados, da família humana sem nem mesmo deixar vestígios.

Tal é o curso da Natureza sob o império da LEI do *KARMA*: *da Natureza sempre presente e sempre vindo a ser Pois, nas palavras de um Sábio, conhecido apenas de uns poucos ocultistas*: "O PRESENTE É FILHO DO PASSADO; O FUTURO, O FRUTO DO PRESENTE! E NO ENTANTO, Ó MOMENTO PRESENTE! NÃO SABES QUE NÃO TENS PROGENITOR, NEM PODES TER UM FILHO: QUE ESTÁS SEMPRE GERANDO APENAS A TI MESMO? ANTES MESMO DE TERES COMEÇADO A DIZER: 'SOU A PROGÊNIE DO MOMENTO QUE

SE FOI. O FILHO DO PASSADO', TU TE TORNASTE AQUELE MESMO PASSADO. ANTES DE TERES PRONUNCIADO A ÚLTIMA SÍLABA, CONTEMPLA! TU NÃO ÉS MAIS O PRESENTE, MAS NA VERDADE AQUELE MESMO FUTURO. PORTANTO, SÃO O PASSADO, O PRESENTE E O FUTURO A SEMPRE VIVENTE TRINDADE EM UM – O *MAHĀMĀYĀ* DO ABSOLUTO *É*.

ÍSIS SEM VÉU:
RESUMO DE DEZ PONTOS

NOTA

Ao escrever sua primeira grande obra, parece que Madame Blavatsky tinha em mente a necessidade de demonstrar ao leitor instruído de sua época que o que ela tinha a dizer não era de fato "nenhum novo candidato à atenção do mundo". Cada capítulo de *Ísis Sem Véu* é introduzido por uma seleção de extratos de fontes respeitáveis, antigas e contemporâneas, demonstrando que as posições assumidas e as informações dadas por ela tinham precedentes. O capítulo final é encabeçado por várias destas citações, das quais uma é dada aqui. O capítulo começa com uma tentativa de resumir as características principais da filosofia oriental apresentadas nos dois volumes de *Ísis Sem Véu*. Todavia, como foi mostrado anteriormente, Madame Blavatsky estava nesse período fazendo experiências com o material que tinha à sua disposição e tentando descobrir como passá-lo ao mundo. Consequentemente, os detalhes secundários e ilustrações não foram claramente peneirados dos princípios fundamentais. O contraste entre essa primeira tentativa de fazer um resumo numerado e as afirmações posteriores em *A Doutrina Secreta* é uma flagrante evidência de seu próprio desenvolvimento tanto como discípula quanto como instrutora.

ÍSIS SEM VÉU:
RESUMO DE DEZ PONTOS

"O problema da vida é o *homem*. Magia, ou melhor, a Sabedoria, é o conhecimento desenvolvido das potencialidades do ser interno do homem; cujas forças são emanações Divinas, assim como a intuição é a percepção de suas origens, e a iniciação, nossa introdução naquele conhecimento... Começamos com o instinto: o fim é a ONISCIÊNCIA".

A.Wilder

Demonstraríamos pouco discernimento caso imaginássemos que outros que não fossem metafísicos, ou místicos de algum tipo, teriam nos acompanhado até esse ponto, através de toda a obra. Caso contrário, certamente os aconselharíamos a se pouparem do trabalho de ler este capítulo. Pois, ainda que todas as afirmações sejam estritamente verdadeiras, eles não deixariam de considerar a menos maravilhosa das narrativas como absolutamente falsa, por mais substanciada que estivesse.

Para compreender os princípios da lei natural envolvidos nos vários fenômenos aqui descritos, o leitor tem de manter em mente as proposições fundamentais da filosofia oriental que sucessivamente elucidamos. Vamos recapitular brevemente:

1º Não existe milagre. Tudo acontece como resultado da lei – eterna, imutável e sempre ativa. O aparente milagre é apenas a ação de forças contrárias ao que o Dr. W. B. Carpenter, F.R.S. – um homem de grande erudição, mas pouco conhecimento – chama de "as bem conhecidas leis da Natureza". Tal como muitos de sua categoria, o Dr. Carpenter ignora que podem existir leis que uma vez foram "conhecidas", mas que agora são desconhecidas pela ciência.

2º A Natureza é tríplice: existe uma Natureza visível, e objetiva; uma invisível, energizante e interior, sendo o princípio vital e modelo exato da outra; e acima destas, o *espírito*, origem de todas as forças, o único eterno e indestrutível. As duas inferiores mudam constantemente, mas não a terceira superior.

3º O Homem também é tríplice: tem seu corpo físico objetivo; seu corpo astral vitalizador (ou alma), o homem real; e estes dois são assistidos e iluminados pelo terceiro – o espírito imortal e soberano. Quando o homem real consegue se fundir neste último, torna-se uma entidade imortal.

4º Magia, enquanto ciência, é o conhecimento destes princípios, e da maneira pela qual o indivíduo pode alcançar a onisciência e onipotência do espírito, passando a controlar as forças da Natureza enquanto ainda está no corpo. Como arte, é a aplicação prática deste conhecimento.

5º O conhecimento arcano torna-se feitiçaria se for mal usado; e em verdadeira magia, ou SABEDORIA, quando utilizado beneficientemente.

6º A mediunidade é o oposto do adeptado; o médium é o instrumento passivo de influências estranhas, enquanto o adepto controla ativamente a si mesmo e a todas as potências inferiores.

7º Todas as coisas que existem, existiram ou existirão, estão registradas na luz astral ou memória do Universo invisível; o Adepto iniciado, através da visão de seu próprio espírito, pode conhecer tudo o que é ou pode ser conhecido.

8º As Raças humanas diferem em suas qualidades espirituais tanto quanto na cor, estatura ou qualquer outra característica externa. Entre alguns povos a vidência é natural, enquanto que em outros prevalece a mediunidade. Alguns se dedicam à feitiçaria e transmitem seus segredos de geração em geração, tendo como resultado uma variação de fenômenos físicos mais ou menos ampla.

9º Uma etapa da habilidade mágica é o afastamento voluntário e consciente do homem interno (forma astral) do homem externo (corpo físico). No caso de alguns médiuns esse afastamento ocorre, mas é involuntário e inconsciente, tornando-se o corpo mais ou menos cataléptico nestes momentos. No caso do adepto, no entanto, a ausência da forma astral não seria notada, pois os sentidos físicos continuam alertas e o indivíduo parece estar apenas como em um momento de abstração – "absorto em reflexões", como diriam alguns.

10º A pedra angular da MAGIA é um íntimo conhecimento prático do magnetismo e da eletricidade, suas qualidades, correlações e potencialidades. É especialmente necessário que se conheça bem seus efeitos sobre o reino. Todos os praticantes de magia *têm* de conhecer as propriedades ocultas de outros minerais, tão estranhas quanto as da magnetita, e das quais a assim chamada ciência exata é totalmente ignorante. As plantas também possuem propriedades místicas em alto grau, e os segredos das ervas, dos sonhos e encantamentos estão perdidos apenas para a ciência europeia e, desnecessário dizer, são desconhecidos dela, exceto em poucos exemplos, como o ópio e o haxixe. Ainda assim, até mesmo nestes poucos casos, os efeitos psíquicos sobre o sistema humano são considerados como evidências de desordens mentais temporárias. As mulheres da Tessália e do Épiro, as hierofantes dos ritos de Sabázio, não levaram seus segredos para a tumba com a queda de seus santuários. Eles estão ainda preservados, e aqueles que conhecem a natureza do Soma conhecem também as propriedades de outras plantas.

Em resumo: MAGIA é SABEDORIA espiritual, sendo a natureza material, aliada, discípula e serva do mago. Um princípio vital único permeia todas as coisas, e este pode ser controlado pela vontade humana aperfeiçoada. O adepto pode estimular os movimentos das forças naturais em plantas e animais até um grau sobrenatural. Tais experiências não são obstáculos à Natureza, mas sim aceleramentos; proporcionam condições para uma ação vital mais intensa.

O adepto pode controlar as sensações e alterar as condições dos corpos físico e astral de outras pessoas que não sejam também adeptos; pode governar e usar como quiser os espíritos dos elementos. Não pode controlar o espírito imortal de nenhum ser humano, vivo ou morto, pois todos estes espíritos são igualmente centelhas da Essência Divina, e não estão sujeitos a qualquer domínio externo.

Isis Unveiled, vol. II, 587-590.

APÊNDICE "A"
A DOUTRINA SECRETA E SEU ESTUDO

APÊNDICE "A"
A DOUTRINA SECRETA
E SEU ESTUDO

Notas tomadas pelo Comandante Robert Bowen em 1891, menos de três semanas antes da morte da Madame Blavatsky.

H.P.B. estava especialmente interessada sobre o tema *A Doutrina Secreta* no decorrer da última semana. Julguei melhor organizar este material e escrevê-lo, por segurança, enquanto o tenho vívido na mente. Como ela mesma disse, ele pode vir a ser útil para alguém dentro de trinta ou quarenta anos.

Em primeiro lugar, *A Doutrina Secreta* é apenas um fragmento bastante pequeno da Doutrina Esotérica conhecida pelos membros mais elevados das Fraternidades Ocultas. Ela contém, diz H.P.B., apenas o tanto que o Mundo pode receber durante o próximo século. Esta afirmação levantou uma questão que ela respondeu da seguinte forma:

"O Mundo" significa o Homem vivendo na Natureza Pessoal. Este "Mundo" encontrará nos dois volumes da *DS* tudo aquilo que sua máxima compreensão pode assimilar, nada mais. Isto não significa que o Discípulo, que não está vivendo "no Mundo", não possa encontrar no livro mais do que o "Mundo" encontra. Todas as formas, não importa o quão toscas sejam, contêm ocultas em si a imagem de seu "criador". O mesmo acontece com uma obra que, mesmo obscura, contém oculta a imagem do conhecimento de seu autor. A partir desta afirmação eu concluo que a *DS* deve conter tudo o que H.P.B. sabe, e muito mais que isto, considerando que a maior parte da obra vem de homens cujo conhecimento é imensamente maior que o dela. Além disso, ela sugere de modo inconfundível que se pode muito bem encontrar no livro conhecimentos que ela própria não possuía. É estimulante pensar na possibilidade de que eu mesmo possa encontrar nas palavras de H.P.B. algum conhecimento de que ela não era consciente. Ela se demorou bastante nesta ideia. X disse mais tarde: "H.P.B. deve estar perdendo sua firmeza," querendo dizer, suponho, confiança em seu próprio conhecimento. Mas Y, Z e eu a entendemos melhor, segundo acredito. Ela está nos dizendo, sem dúvida, para não nos prendermos a ela ou a qualquer pessoa como autoridade final, mas para dependermos somente de nossas percepções cada vez mais abrangentes.

[Nota acrescentada posteriormente sobre o que foi escrito acima: Eu estava certo. Apresentei diretamente a ela minhas opiniões, ao que ela aprovou sorrindo. É uma grande coisa conseguir seu sorriso aprovador? – (ass.) Robert Bowen.]

Finalmente conseguimos que H.P.B. nos indicasse o caminho correto no que concerne ao estudo da *DS*. Trato de colocar por escrito enquanto tudo está claro em minha memória.

Ler a *DS* página após página como se faz com qualquer outro livro (ela observa) apenas levará à confusão. A primeira coisa a fazer, mesmo que leve anos, é alcançar alguma compreensão dos "Três Princípios Fundamentais", dados no *Proêmio*. Segue-se com o estudo da *Recapitulação* – os itens numerados no *Resumo* do Vol. I (Parte I). Passa-se então para as *Notas Preliminares* e *Conclusão* no Vol. II.[6]

H.P.B. parece estar bastante segura sobre a importância do ensinamento (na *Conclusão*) relativo às épocas de aparecimento das Raças e Sub-Raças. Ela explicou, de modo mais direto do que costuma fazer, que não existe coisa tal como o "nascimento" futuro de uma raça. "Não existem nem NASCIMENTO nem PASSAGEM, mas um eterno VIR A SER," ela diz. A Quarta Raça Raiz ainda está viva, como também a Terceira, Segunda e Primeira – isto é, suas manifestações estão presentes em nosso atual plano de substância. Acredito que sei o que ela quer dizer, mas está acima de minhas capacidades colocá-lo em palavras. Da mesma forma a Sexta Sub-Raça está aqui, bem como a Sexta Raça Raiz, a Sétima, e mesmo pessoas das Rondas vindouras. Isto é compreensível. Discípulos, Irmãos e Adeptos não podem ser pessoas comuns da Quinta Sub-Raça, pois a raça é um estado de evolução.

Mas ela não deixa qualquer dúvida, no que diz respeito à humanidade em geral, de que estamos a centenas de anos (no tempo e no espaço) até mesmo da Sexta Sub--Raça. Penso que H.P.B. demonstrou peculiar ansiedade em sua insistência sobre este ponto. Ela insinuou sobre "perigos

---

[6] Vol. III e IV na edição da Ed. Pensamento (Nota Ed. Bras.)

e enganos" que surgem com a ideia de que a Nova Raça já despertou definitivamente no Mundo. Segundo ela, a duração de uma Sub-Raça para a humanidade em geral coincide com o Ano Sideral (a precessão do eixo da Terra – em torno de 25.000 anos). Isso situa a nova raça em período ainda muito afastado.

Temos tido sessões excepcionais sobre o estudo da *DS* durante as últimas três semanas. Devo organizar minhas notas e registrar os resultados com segurança antes que os perca.

H.P.B. falou bastante sobre o "PRINCÍPIO FUNDAMENTAL". Disse que: se alguém imagina que vai obter da *DS* um quadro satisfatório da constituição do Universo, esta pessoa somente chegará à confusão em seus estudos. Esta obra não está destinada a dar um veredito final sobre a existência, mas CONDUZIR EM DIREÇÃO À VERDADE. Ela repetiu esta expressão muitas vezes.

É mais do que inútil procurarmos aqueles que imaginamos serem estudantes avançados (disse ela) e pedir que nos deem uma "interpretação" da *DS*. Eles não podem fazer isso, e se o tentarem, tudo o que poderão dar serão traduções exotéricas fragmentadas e disformes que nem de longe se assemelham à VERDADE. Aceitar tais interpretações significa nos prendermos a ideias fixas, enquanto a VERDADE está além de qualquer ideia que possamos formular ou expressar. Interpretações exotéricas podem ser úteis e ela não as condenava, enquanto vistas como indicadores de caminho para os iniciantes, e não aceitas por eles como possuindo qualquer valor a mais. Muitas pessoas que estão na Sociedade Teosófica, e muitas ainda que estarão, no futuro, são potencialmente incapazes de qualquer progresso que ultrapasse o alcance de uma concepção exotérica. Mas existem alguns, e outros existirão, capazes de um alcance mais profundo, e para eles ela mostra o seguinte e verdadeiro caminho de abordagem da *DS*.

Venha para a *DS* (ela diz) sem qualquer esperança de conseguir a Verdade final sobre a existência, e sem qualquer outra ideia além de descobrir o quanto ela pode conduzi-los EM DIREÇÃO à Verdade. Veja no estudo um meio de exercitar e desenvolver a mente nunca antes tocada por outros estudos. Observe as seguintes regras:

Não importa o que se estude na *DS*, a mente deve manter com firmeza as seguintes ideias como base de sua ideação:

(a) A UNIDADE FUNDAMENTAL DE TODA EXISTÊNCIA. Essa unidade é algo completamente diferente da noção comum de unidade – como quando dizemos que uma nação ou um exército está unido, ou que este planeta está unido a outro por linhas de força magnética, ou algo semelhante. O ensinamento não é esse, e sim o de que a existência é UMA COISA, não uma coleção de coisas colocadas juntas. Fundamentalmente existe UM Ser, que possui dois aspectos: positivo e negativo. O positivo é o Espírito, ou CONSCIÊNCIA; o negativo é SUBSTÂNCIA, o objeto da consciência. Esse Ser é o Absoluto em sua manifestação primária. Sendo Absoluto, nada existe fora dele. É TODO-SER. É indivisível, pois de outro modo não seria absoluto. Se fosse possível separar-lhe uma parte, o restante não poderia ser absoluto, pois surgiria imediatamente a questão da COMPARAÇÃO entre ele e a parte separada, e a Comparação é incompatível com a ideia do absoluto. Consequentemente, é evidente que essa EXISTÊNCIA UNA ou Ser Absoluto deve ser a REALIDADE existente em cada forma que existe.

Eu disse que, embora isso estivesse claro para mim, não acreditava que muitos membros das Lojas o compreendessem. "A Teosofia – respondeu H.P.B. – é para aqueles que podem pensar, ou que podem ser levados a pensar, e não para preguiçosos mentais". Ela tem se mostrado branda ultimamente; antes costumava chamar o estudante médio de "cérebro lento"[7].

O Átomo, o Homem, o Deus (ela diz) são, separadamente ou em conjunto, o Ser Absoluto em última análise; e isto é a sua INDIVIDUALIDADE REAL. Este é o conceito que se deve manter sempre no fundo da mente para servir de base para toda concepção que surgir do estudo da *DS*. No momento em que esquecemos disso (o que é fácil acontecer quando estamos envolvidos com um dos muitos aspectos intrincados da Filosofia Esotérica), sobrevém a ideia da SEPARAÇÃO e o estudo perde seu valor.

(b) A segunda ideia a manter com firmeza é a de que NÃO EXISTE MATÉRIA MORTA. Todo átomo final é vivo. E não poderia ser de outra forma, pois cada átomo é fundamentalmente por si mesmo o Ser Absoluto. Por isso não existe coisa tal como "espaços" de Éter ou *Ākāsha*, ou chame como quiser, no qual os anjos e os elementais se divertem como trutas na água. Isso é o

---

[7] *Dumskulls*, em inglês. (N.T.)

que se pensa usualmente. O verdadeiro conceito é o de que cada átomo de substância, não importa de que plano, é ele mesmo uma VIDA.

(c) A terceira ideia a manter é a de que o Homem é o MICROCOSMO. Assim sendo, todas as Hierarquias dos Céus existem nele. Mas em verdade não existe nem Macrocosmo nem Microcosmo, mas UMA EXISTÊNCIA. O grande e o pequeno só existem como tais quando vistos por uma consciência limitada.

(d) A quarta e última ideia é aquela expressa no Grande Axioma Hermético que, na verdade, resume e sintetiza todos os outros.

Como o Interno assim é o Externo; como o Grande, assim é o Pequeno; como é acima, assim é abaixo, só existe UMA VIDA E UMA LEI e o que atua é o ÚNICO. Nada é Interno, nada é Externo; nada é GRANDE, nada é Pequeno; nada é Alto, nada é Baixo na Economia Divina.

Deve-se buscar relacionar com essas ideias básicas qualquer coisa que se estude na *DS*.

Sugeri que este tipo de exercício mental deve ser extremamente fatigante. H.P.B. acenou concordando e sorriu. Somente um tolo (ela disse), alguém que pretenda terminar em um hospício, tentará conseguir demais a princípio. O cérebro é o instrumento da consciência de vigília, e cada quadro mental consciente formado significa mudança e destruição de seus átomos. A atividade intelectual comum segue por caminhos bem traçados do cérebro e não força repentinos ajustes e destruições em sua substância. Mas este novo tipo de atividade mental exige algo muito diferente – o traçar de "novos caminhos", o estabelecimento de uma ordem diferente para as pequenas vidas cerebrais. Se forçado de forma insensata, isto pode trazer sérios danos físicos ao cérebro.

Este modo de pensar (ela diz) é o que os indianos chamam de *Jnāna Yoga*. Na medida em que a pessoa progride em *Jnāna Yoga*, percebe o surgimento de conceitos que ela, embora consciente deles, não pode expressar e nem formular ainda em nenhum tipo de representação mental. Com o passar do tempo estes conceitos se transformam em quadros mentais claros. Nesta hora deve-se estar em guarda e recusar ser enganado pela ideia de que o maravilhoso quadro recém-encontrado tem de representar a realidade. Porque não a representa. Com o prosseguimento do Trabalho se descobre que o quadro antes tão admirado se torna apagado e insatisfatório, até que finalmente desaparece ou é descartado. Este é outro ponto de perigo, pois a pessoa se encontra momentaneamente em um vazio, sem qualquer conceito em que se apoiar, e pode ser tentada a reavivar a representação anteriormente desprezada, por falta de uma melhor em que se apoiar. O verdadeiro estudante no entanto continuará a trabalhar despreocupado e logo outros vislumbres surgirão, os quais, por sua vez, darão lugar a uma representação mais ampla e mais bela que a última. Mas agora ele compreenderá que nenhum quadro pode jamais representar a VERDADE. Este último se tornará tosco e desaparecerá como os outros, e assim o processo continuará até que finalmente a mente e seus quadros sejam transcendidos e o estudante entre e permaneça no Mundo da NÃO FORMA, do qual todas as formas são pálidos reflexos.

O Verdadeiro Estudante de *A Doutrina Secreta* é um *Jnāna Yogi*, e esta Senda do *Yoga* é a verdadeira Senda para o estudante Ocidental. A *DS* foi escrita para fornecer as indicações de caminho desta Senda.

[Nota posterior: Li para H.P.B. esta interpretação de seus ensinamentos, perguntando se eu a compreendera corretamente. Ela me chamou de tolo, cérebro lento, por imaginar que pudesse traduzir algo em palavras de modo correto. Mas depois sorriu e acenou afirmativamente com a cabeça dizendo que eu o havia conseguido melhor do que qualquer outra pessoa, e até mesmo melhor do que ela poderia ter feito].

Pergunto-me sobre o porquê de estar fazendo tudo isso. Este ensinamento deveria ser transmitido para o público em geral, mas estou velho demais para fazê-lo. Entretanto me sinto como uma criança em comparação a H.P.B., ainda que seja vinte anos mais velho.

Ela mudou muito desde que a encontrei há dois anos. É maravilhoso ver como ela se mantém firme face ao estado grave de saúde. Mesmo se uma pessoa não soubesse e nem acreditasse em nada, H.P.B. a convenceria de que é algo além de corpo e cérebro. Durante estas últimas reuniões, desde que ela ficou tão doente, sinto que estamos recebendo ensinamentos de uma outra esfera mais elevada. Parece que sentimos e sabemos tudo o que ela diz, ao invés de simplesmente a escutarmos com nossos ouvidos físicos. X disse a mesma coisa na última noite.

(ass.) Robert Bowen
Com. Royal Navy

19 de Abril de 1981.

APÊNDICE "B"
GLOSSÁRIO

Notas baseadas no *Glossário Teosófico* de H. P. Blavatsky.

Ākāsha	- Essência espiritual sutil que penetra todo o espaço.
Dhyān Chohans	- Inteligências divinas encarregadas da supervisão do *Kosmos* (ver Arcanjos).
Dzyan	- Sabedoria, Conhecimento divino.
Kārana	- Causa.
Karma	- Ação; a Lei de causa e efeito.
Mahat	- Consciência e Inteligência universais.
Manas	- Mente. O princípio reencarnante no homem, o Eu Superior.
Manvantara	- Período de manifestação ou atividade cósmica.
Māyā	- Ilusão; o poder cósmico que torna possível a existência fenomenal.
Mūlaprakriti	- Substância não diferenciada; a raiz da matéria.
Nāstika	- Ateísta, ou melhor, o que não adora quaisquer deuses ou ídolos.
Parabrahman	- O que está além de *Brahman*; o Princípio Universal impessoal, inominado; o Absoluto.
Prakriti	- A Natureza em geral, como substância original.

Pralaya	- Período de descanso entre *manvantaras* ou períodos de atividade.
Purusha	- Espírito.
Sat	- A Realidade Una sempre presente; a Essência divina ou "*Seidade*".
Upādhi	- Base ou veículo de algo menos material do que ele próprio.

Maiores informações sobre Teosofia e o Caminho Espiritual podem ser obitidas na Sociedade **Teosófica no Brasil** no seguinte endereço: SGAS – Quadra 603, Conj. E, s/n°, CEP 70.200-630 Brasília, DF. O telefone é (61) 3226.0662

gráfika
papel&cores

(61) 3344-3101
comercial@grafikapapelecores.com.br